AF356718

Vente du Vendredi 3 Février 1882

HOTEL DROUOT, SALLE Nº 9

TABLEAUX

ANCIENS ET MODERNES

AQUARELLES, DESSINS

ET LITHOGRAPHIES

EXPOSITION PUBLIQUE

LE JEUDI 2 FÉVRIER 1882

de 1 heure à 5 heures.

COMMISSAIRE-PRISEUR

Mᵉ PAUL CHEVALLIER, Succr de Mᵉ CHARLES PILLET

10, RUE DE LA GRANGE-BATELIERE, 10.

EXPERT : M. DURAND-RUEL, 1, rue de la Paix.

CATALOGUE

DE

TABLEAUX

ANCIENS ET MODERNES

AQUARELLES, DESSINS, GRAVURES

ET LITHOGRAPHIES

DONT LA VENTE AURA LIEU

HOTEL DROUOT, SALLE N° 9

Le Vendredi 3 Février 1882

A DEUX HEURES.

COMMISSAIRE-PRISEUR

M⸵ PAUL CHEVALLIER, Succʳ de M⸵ CHARLES PILLET

10, RUE DE LA GRANGE-BATELIÈRE, 10

EXPERT : M. DURAND RUEL, 1, rue de la Paix

Chez lesquels se trouve le présent Catalogue.

EXPOSITION PUBLIQUE : le Jeudi 2 Février 1882,

De 1 heure à 5 heures

CONDITIÒNS DE LA VENTE

La vente sera faite au comptant.

Les adjudicataires payeront *cinq pour cent* en sus des enchères.

Paris. — Typ. PILLET et DUMOULIN, 5, rue des Grands-Augustins.

DÉSIGNATION

TABLEAUX MODERNES

1 — Baron (Henri). Idylle.

2 — Bloch. Effet de neige.

3 — Blum (Maurice). Intérieur d'atelier.

4 — Bouchor. Paysage.

5 — Bouvier. Fleurs dans un vase.

6 — Bouvier. Fleurs dans un vase.

7 — Calmels. Papillons et fleurs.

8 — Catoire (A.) Les bords de l'Oise.

9 — Chavet. La leçon de musique.

10 — Coignard. Vache au bord d'un étang.

11 — Corneloup. La petite rieuse.

12 — Cortès (A.). Vaches et moutons au bord d'un Étang.

13 — Cottin. Poule et ses poussins.

14 — Coubertin (de). La fille du pécheur.

15 — Damoye. Vaches dans la prairie.

16 — Darru (L.). Fleurs.

17 — Dave. L'ancien moulin.

18 — Vos (de). Chiens de berger.

19 — Dumaine. Jeune Italienne.

20 — Duperelle. L'Étang.

21 — Brager (Durand). Marine.

22 — Dutboy (A.). Marine.

23 — Ebert. Marchand de melons.

24 — Ebert. Saltimbanques.

25 — École modenre. Une vente à l'hôtel Drouot.

26 — Ecole italienne. Judith.

27 — École moderne. Les petits soldats.

28 — École moderne. Marine.

29 — École moderne. Marine.

30 — École moderne. Dans la prairie.

31 — Étex (A.). Le deux pigeons.

32 — Frichot. Jeune fille portant des fleurs.

33 — .Gallias. Descente de croix.

34 — Gérard (Joseph). Italienne portant un panier de raisins.

35 — Granet. Jockey.

36 — Guédy. Paysage.

37 — Guyot. Fleurs.

38 — Hamon. Nature morte.

39 — Hareux. Nature morte.

40 — Henner (d'après). Idylle.

41 — Henner (d'après). Baigneuse couchée.

42 — Hill. Gorges d'Apremont.

43 — Hill. Grands arbres au bord de l'eau.

44 — Hue (Ch.). La déclaration.

45 — Hyon. Charge de dragons.

46 — Hyon. Officiers de dragons.

47 — Hyon. Officiers de turcos.

48 — Hyon. Charge de cuirassiers.

49 — INNOCENTI. Après la collation.

50 — INNOCENTI. Une blanche pointée.

51 — JEANRON. L'Exécution.

52 — JOLYBOIS. Paysage.

53 — LAINÉ. La petite ménagère.

54 — LAMBINET (E.) Vue de Tanger.

55 — LAUNAY. Jeune Italienne.

56 — LAUNAY. Tête de femme.

57 — LAUNAY. Le Liseur.

58 — LOUVET. Bœuf près d'un étang.

59 — R. M. Environs de Bordeaux.

60 — MATIFAS. Les bords de l'Oise.

61 — MEUNIER. Tête de femme.

62 — MOLLINS (DE). Le départ pour la chasse.

63 — MOLLINS (DE) Le retour de la chasse.

64 — MONTENARD. Bords de l'Indre.

65 — MUSIN (F.). Marine.

66 — NOEL (JULES). **Marine.**

67 — Oller. Nature morte.

68 — Oller. Nature morte.

69 — Paal (L. de). Forêt de Fontainebleau.

70 — Pils (d'après Rembrandt). Intérieur.

71 — Porcher. Marine.

72 — Potémont. Une Grisette.

73 — Renout. La Dormeuse.

74 — Saint-Jean (d'après). Raisins.

75 — Schlesinger. Tête d'homme.

76 — Segé. Les champs de Coudron.

77 — Seghers. Un Savant.

78 — Siebert. La Petite Marchande de fruits.

79 — Simi. Moines dans une rue de Rome.

80 — Swhala, de Vienne. Paysage.

81 — Swhala, de Vienne. Paysage.

82 — Tesson. Arabes à la fontaine.

83 — Thèse. Nature morte.

84 — Tomsonn. Marine.

85 — Vandervin. Retour de la Foire.

86 — Van Elven. Une rue de Rouen.

87 — Viollet-le-duc. Paysage.

88 — Viollet-le-duc. Pommes et fleurs.

89 — Viollet-le-duc. Paysage avec figure.

90 — Viollet-le-duc. Port sur une rivière.

91 — Viollet le-duc. Paysans dans la campagne.

92 — Vernon. Étude de Rochers.

93 — Veyrassat. Le Retour du Marché.

TABLEAUX ANCIENS

94 — Breughel (École de). Soldats.

95 — École italienne. Enfants.

96 — Goya. Tête de femme.

97 — Inconnu. Sainte Cécile.

98 — Netcher (École de). Portrait.

99 — Rykaert. L'Entretien.

100 — Salerne (de). Vierge et Saints.

101 — STEEN (JEAN). La Consultation.

102 — VAN DER VERFE (d'après). Femmes nues dansantes.

103 — GOYEN (VAN). Vue de Hollande.

104 — VERNET (J). Marine.

AQUARELLES ET DESSINS

105 — AGASSIS. Paysage près de Lyon.

106 — ALLONGÉ. Bords de la Seine.

107 — BARBIER. Effet de soir.

108 — C. . (Mlle). Fleurs.

109 — CHATILLON. Vision.

110 — CHOISNARD. Souvenir d'automne.

111 — COOK. Vue d'Écosse.

112 — CORBÉRY. Le Pêcheur.

113 — DECAMPS (C.). Cavaliers traversant un gué. Dessin.

114 — HUGARD. Paysage. Dessin.

115 — HUGARD. Rochers. Dessin.

116 — LALANNE. L'Étang. Dessin.

117 — LAHURE. Paysage. Aquarelle.

118 — LAHURE. Paysage. Aquarelle.

119 — MAGNE. Paysage. Aquarelle.

120 — MALION (MARIE). Tête de jeune fille, d'après Greuze. Dessin.

121 — MELLÉ (LÉON). Chaumière au bord de la mer. Dessin.

122 — PRZEPIORSKI (Mᵐᵉ). Tête de saint Jean. Dessin.

123 — SAVY. Portrait du prince de Galles. Dessin.

124 — SAVY. Portrait du général Grant. Dessin.

125 — SÉGUR (COMTESSE DE). Coq, poules et poussins. Aquarelle.

126 — SERIZIAT. Vingt-sept aquarelles de vues d'Afrique et sujets de genre.

127 — TESSON. Intérieur de ville arabe. Aquarelle.

128 — VORUZ (E.). Qu'en pensez-vous? Dessin à la plume.

GRAVURES ET LITHOGRAPHIES

129 — Beauvarlet (d'après Coypel). Mariage d'Esther. Gravure.

130 — Burdet. La Prise de la Smala. Gravure.

131 — Della Bella. Vue du Pont-Neuf. (Vieux Paris). Gravure.

132 — Hogarth (d'après). Mariage à la mode. Gravure.

133 — Hogarth (d'après). Mariage à la mode. Gravure.

134 — Delaroche (d'après J.). Exécution de Jane Grey. Gravure.

135 — Levasseur. Ma Sœur n'y est pas. Gravure.

136 — Maurin (d'après Proud'hon). Le Triomphe de Napoléon Ier. Lithographie.

137 — Varin (A.) (d'après Jalabert). Le Christ marchant sur les eaux. Gravure avant la lettre.

138 — Procession. Gravure.

139 — La Vierge et saint Jean-Baptiste. Gravure.

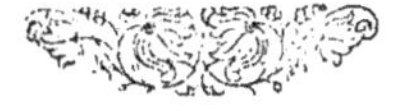